신나게 배우는 어린이 중국어

콰이러쉬에
한위 ⑤

일상상 KB067032

워크북

권상기 김명섭 김예란 이현숙 왕지에(王洁) 저우자쑤(邹佳素) 공저

JPLUS
Language Publishing Co.

01 网上查一下

① 다음 병음에 알맞은 한자를 찾아 보세요.

1 fāngbiàn

更 ⋯⋯ 方便 ⋯⋯ 网上 ⋯⋯ 线

2 zěnme

周末 ⋯⋯ 博物馆 ⋯⋯ 怎么 ⋯⋯ 去

② 샤오화가 지하철 몇 호선을 타야 할지 암호를 풀고 병음을 쓰세요.

> 내가 보니까 2호선을 타면 도착해.

	1	2	3	4	5
⊙	é	ǒ	ā	è	á
◇	x	r	j	h	d
◀	ào	īn	uì	ān	āng
★	iǎo	ōng	iàn	ǒu	ái

4⊙2◇　4◇1◀　1◇3★　→　_____ _____ _____

③ 다음 낱말을 순서에 맞게 나열하여 문장을 완성해 보세요.

1 怎么 ⋯ 更 ⋯ 方便 ⋯ 去 ▶ [_____]?

2 网 ⋯ 上 ⋯ 一下 ⋯ 查 ▶ [_____].

④ 대화를 읽고 빈칸에 공통으로 들어갈 한자를 쓰세요.

怎么去公园 ☐ 快？

骑自行车 ☐ 快。

A : 공원에 어떻게 가는 게 더 빨라?

B : 자전거 타고 가는 게 더 빨라.

답

⑤ 다음 물음에 대한 알맞은 답을 찾아 ✓ 하세요.

❶ 谁更快呢？

乌龟
wūguī ☐

兔子
tùzi ☐

❷ 谁更重呢？

大象
dàxiàng ☐

狮子
shīzi ☐

⑥ 두 사람의 대화를 읽고 빈칸에 알맞은 말을 써 넣으세요.

小华：周末我们去博物馆吧。

小韩：好呀！

小华：怎么去更方便？

小韩：上网查一下。

小华：好，我看看……二号线可以到。

小韩：太好了。

샤오화와 샤오한은 (   )에 가기로 했습니다.

그곳에 편리하게 가기 위해 (   )에서 가는 방법을

찾았습니다.

둘은 지하철(   )을 타기로 했습니다.

7 다음 대화와 가장 관계 깊은 그림을 찾아 ✓ 하세요.

A : 周末我和家人一起去了美术馆。
Zhōumò wǒ hé jiārén yìqǐ qù le měishùguǎn.

B : 你们怎么去的?
Nǐmen zěnme qù de?

A : 骑自行车去的。
Qí zìxíngchē qù de.

☐　　☐　　☐　　☐

8 다음 두 교통 수단으로 비교하는 문장을 만들어 보세요.

비행기 타는 게
기차 타는 것보다 더 빨라.

更　飞机　坐　快　火车

→ 坐 ☐ ☐ 比 ☐ ☐ ☐ ☐ ☐ 。

9 다음 질문의 답으로 알맞은 단어를 찾아 ✔ 하세요.

1 你们周末去哪儿?

☐ 动物园
dòngwùyuán

☐ 游乐园
yóulèyuán

2 你们怎么去的?

☐ 坐地铁
zuò dìtiě

☐ 走路
zǒu lù

10 다음은 상해도서관에서 상해동물원까지 가는 지하철 노선을 인터넷에서 찾은 것입니다. 물음에 답하세요.

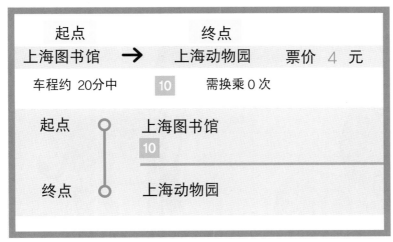

起点		终点		
上海图书馆	→	上海动物园	票价 4	元
车程约 20分中	10	需换乘 0 次		
起点 ○	上海图书馆			
	10			
终点 ○	上海动物园			

1 요금은 얼마입니까? ☐

2 시간은 얼마나 걸리나요? ☐

11 다음 그림을 보고 키가 큰 순서대로 쓰세요.

谁更高?

长颈鹿 chángjǐnglù

狮子 shīzi

兔子 tùzi

160
150
140
130
120
110
100
90
80
70
60
50
40
30
20
10

> >

⑫ 다음 단어를 큰 소리로 읽으며 써 보세요.

❶ 更 gèng 더욱, 더

更							
gèng							

❷ 方便 fāngbiàn 편리하다

方	便					
fāng	biàn					

❸ 网上 wǎng shàng 인터넷에서, 온라인에서

网	上					
wǎng	shàng					

❹ 查 chá 찾아보다

查							
chá							

❺ 线 xiàn (교통) 노선

线							
xiàn							

有我的房间了

① 다음 한자와 병음이 바르게 쓰여진 카드를 모두 고르세요.

1 bān jiā

搬家

2 chǒngsuàn

总算

3 xīngqī

星期

4 tài

太

② 다음 한자의 병음과 성조를 바르게 나타낸 것을 찾아 ✓ 하세요.

☐ shénme chíhou

☐ shénmě shíhòu

什么时候？

☐ shénme shíhou

☐ chénme shíhòu

③ 다음 단어의 성조를 바르게 나타낸 것에 ✔ 하세요.

①

不错

búcuō ☐

búcuò ☐

②

满意

mǎnyì ☐

mànyǐ ☐

③

卧室

wòshì ☐

wǒshì ☐

④

房子

fǎngzì ☐

fángzi ☐

④ 다음 그림의 가구나 물건의 이름을 [보기]에서 찾아 병음으로 쓰세요.

보기

diànnǎo

shūguì

chuáng

shūzhuō

yǐzi

yīguì

a

b

c

d

e

f

5 다음 대화의 빈칸에 들어갈 알맞은 한자를 [보기]에서 찾아 쓰세요.

A : 天气好起来了。
Tiānqì hǎo qǐlái le.

B : 对呀，下了五天的雨，☐☐☐☐☐。
Duì ya,　xià le wǔtiān de yǔ,　jīntiān zǒngsuàn qíng le.

| 보기 | 晴　　了　　今天　　总算 |

6 〈가로・세로 열쇠〉를 이용하여 집안 공간을 나타내는 단어 퍼즐을 풀어 보세요.

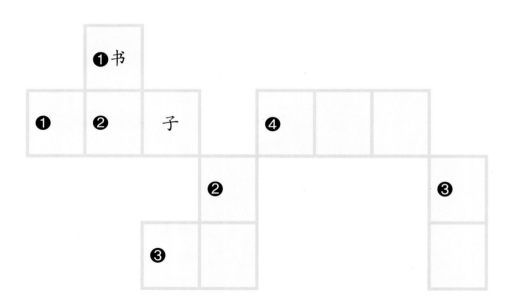

가로 열쇠

❶ 이곳에서 음식을 만들며 주방, 부엌이라고 해요.

❷ 실제로 사는 집을 나타낼 때 쓰는 말이에요.

❸ 이곳에서 만든 음식을 먹어요.

❹ 몸을 깨끗이 씻는 곳이에요.

세로 열쇠

❶ 책을 읽거나 글을 쓸 수 있는 곳입니다.

❷ 가족끼리 모여 텔레비전을 보거나 이야기를 나눌 수 있는 곳입니다.

❸ 식물을 키우기 좋아요.

| 보기 | 卫　房　餐　生　厅　阳　间　台　客　厨 |

7 다음 대화의 우리말 문장을 중국어로 바르게 옮긴 것을 고르세요.

听说你们要搬家了。

응, 드디어 내 방이 생기게 됐어.

□ 这次总算得了一百分了。

□ 今天总算晴了。

□ 嗯，我总算有自己的房间了。

8 다음 대화와 가장 관계 있는 그림에 ✔ 하세요.

A : 你家哪儿最好?
Nǐ jiā nǎr zuì hǎo?

B : 阳台最好，好大!
Yángtái zuì hǎo, hǎo dà!

□   □   □   □

9 다음 단어를 소리 내어 읽고, 병음을 찾아 빈칸에 쓰세요.

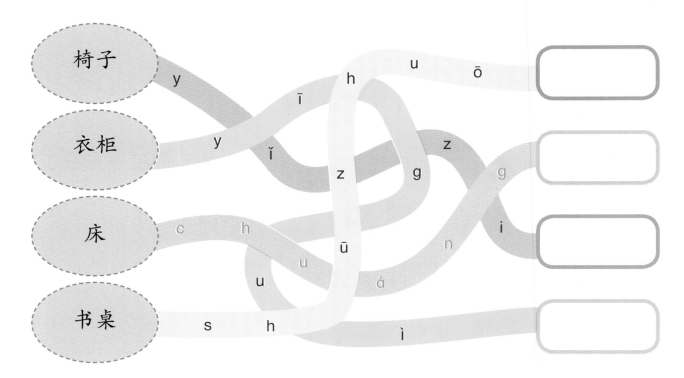

椅子

衣柜

床

书桌

10 B가 이사한 집을 보고 빈칸에 알맞은 숫자를 한자로 쓰세요.

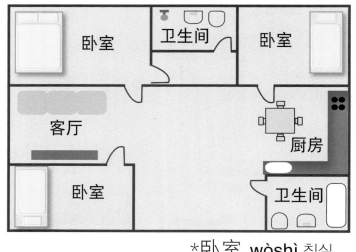

卧室　卫生间　卧室

客厅　厨房

卧室　卫生间

*卧室 wòshì 침실

A：你新家有几个房间?

B：有 ☐ 间卧室,

☐ 间客厅,

☐ 个卫生间。

11 다음 단어를 큰 소리로 읽으며 써 보세요.

1 搬家 bān jiā 이사하다

搬	家					
bān	jiā					

2 换 huàn 바꾸다

换						
huàn						

3 房子 fángzi 집

房	子					
fáng	zi					

4 星期 xīngqī 요일

星	期					
xīng	qī					

5 总算 zǒngsuàn 마침내, 드디어

总	算					
zǒng	suàn					

魔幻发带

① 다음 빈칸에 들어갈 알맞은 병음을 찾아 써 넣으세요.

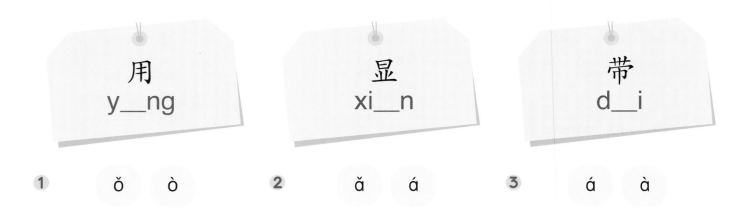

用
y__ng

显
xi__n

带
d__i

① ǒ   ò   ② ǎ   á   ③ á   à

② 다음 단어에 알맞은 병음을 찾아 ○ 하세요.

húdiéfàdàixiǎngpi

shénqíyóulèchǎngh

发带

游乐场

3 다음 단어와 병음을 바르게 이으세요.

| móhuàn | dài | liǎn | zhào xiàng |

| 戴 | 照相 | 魔幻 | 脸 |

4 밑줄 친 부분에 들어갈 수 있는 한자와 병음을 [보기]와 같이 쓰세요.

보기

A : 这个发带好看吗?
Zhè ge fàdài hǎokàn ma?

B : 哇，你戴这个，很好看。
Wā, Nǐ dài zhè ge,　hěn hǎokàn.

 **1** A : 这双手套好看吗?
Zhè shuāng shǒutào hǎokàn ma?

B : 哇，你 □ 这个，很好看。
Wā,　nǐ _____ zhè ge,　hěn hǎokàn.

戴
dài

穿
chuān

 **2** A : 这件牛仔裤好看吗?
Zhè jiàn niúzǎikù hǎokàn ma?

B : 哇，你 □ 这个，很好看。
Wā,　nǐ _____ zhè ge,　hěn hǎokàn.

5 다음 문장에 알맞은 병음을 찾아 선으로 이으세요.

真是个好学生。 •   • Zhēn shì ge hǎo dìfang.

真是个好地方。 •   • Zhēn shì ge hǎo tiānqì.

真是个好天气。 •   • Zhēn shì ge hǎo xuésheng.

6 주어진 단어를 바르게 배열하여 문장을 만들어 보세요.

1

不错   这个   很   主意

→ ⬚ ⬚ ⬚ ⬚ 。

2

去   游乐场   周末   戴

→ ⬚ ⬚ ⬚ ⬚ 。

7 다음 한자를 이용하여 그림과 어울리는 단어를 만들어 보세요.

| 子 zi | 阳 yáng | 动 dòng | 帽 mào | 鞋 xié | 太 tài | 运 yùn | 镜 jìng |

1

☐ ☐ ☐

2

☐ ☐ ☐

3

☐ ☐

8 두 사람의 대화를 읽고 빈칸에 들어갈 글자를 고르세요.

暑假我去过香港，
Shǔjià wǒ qù guo Xiānggǎng,

又漂亮又好玩。
yòu piàoliang yòu hǎowán.

我也去过，真是个_____。
Wǒ yě qù guo, zhēn shì ge hǎo dìfang.

☐ 好学生
☐ 好地方
☐ 好天气
☐ 好消息

⑨ 다음 병음에 해당하는 단어를 그림으로 그려 보세요.

T xù

tàiyángjìng

màozi

yùndòngxié

⑩ 다음 글을 읽고, 질문의 답을 우리말로 쓰세요.

周末我和朋友们去了游乐场。
我们照了很多相片。
还玩了许多游乐项目。

1 谁? ....

2 什么时候? ....

3 在哪儿? ....

4 做了什么? ....

10 다음 단어를 큰 소리로 읽으며 써 보세요.

1 发带 fàdài 머리띠

发 fà	带 dài					

2 戴 dài 쓰다, 착용하다

戴 dài						

3 照相 zhào xiàng 사진 찍다

照 zhào	相 xiàng					

4 显 xiǎn 드러나다, 보이다

显 xiǎn						

5 魔幻 móhuàn 신기하다

魔 mó	幻 huàn					

04 微信见

① 다음 한자의 병음을 찾아 ○ 하고 빈칸에 쓰세요.

粉 丝
팬

照 片
사진

g	w	w	g	o	h	u	ì
ē	u	ē	f	ě	n	s	ī
f	ě	n	i	f	ā	l	e
y	ǎ	n	s	x	z	a	o
z	h	à	o	p	i	à	n
f	ā	n	x	ī	ě	n	o

② 다음 그림에 알맞은 병음에 ○ 한 후, 그 뜻을 써 보세요.

①

演唱会

yǎnchànghuì

yǎnchǎnghuī

뜻

②

好玩儿

hàowǎnr

hǎowánr

뜻

③ 한자를 설명하는 내용을 보고 해당하는 한자를 [보기]에서 찾아 써 넣으세요.

'~해!'　　부탁　　'~하자'

문장의
맨 뒤　　　　　　명령

'~할래?'　　권유　　ba

보기

吧
把
爸
巴

④ 다음 물음에 알맞은 단어를 찾아 ◯ 하고 빈칸에 써 넣으세요.

演	唱	会	照	片
跳	谁	说	歌	发
舞	位	知	星	了
微	信	道	漂	亮

❶ 가수가 팬들(청중)에게
노래를 들려주고, 악기를
다루는 등의 음악 공연을
하는 것

❷ 9억 명의 중국인들이
사용하며 웨이신으로
불리는 것은?

5 모바일 메신저와 관련된 그림과 한자, 병음을 알맞게 연결해 보세요.

玩游戏 · · fā túpiàn

发短信 · · fā biǎoqíng

发表情 · · fā duǎnxìn

发图片 · · wán yóuxì

6 다음 샤오화의 글에 대해 친구들이 댓글을 단 것입니다. 주제와 다른 댓글을 단 사람은 누구입니까?

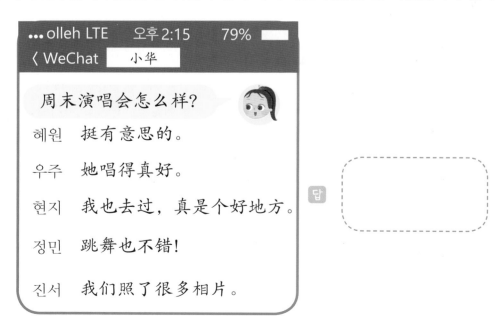

7 다음 물음에 어울리는 답을 찾아 선으로 이으세요.

她是谁呀?
Tā shì shéi ya?

我发表情。
Wǒ fā biǎoqíng.

用卡考你做什么?
Yòng Kǎkǎo nǐ zuò shénme?

她是一位歌手。
Tā shì yí wèi gēshǒu.

8 [보기]에서 그림에 알맞은 문장을 찾아 빈칸에 알파벳을 쓰세요.

보기
ⓐ 我们一起去美术馆吧。 ⓑ 我们一起做作业吧。
ⓒ 我们一起去看电影吧。 ⓓ 我们一起去演唱会吧。

4

9 주어진 단어를 바르게 배열하여 문장을 만들어 보세요.

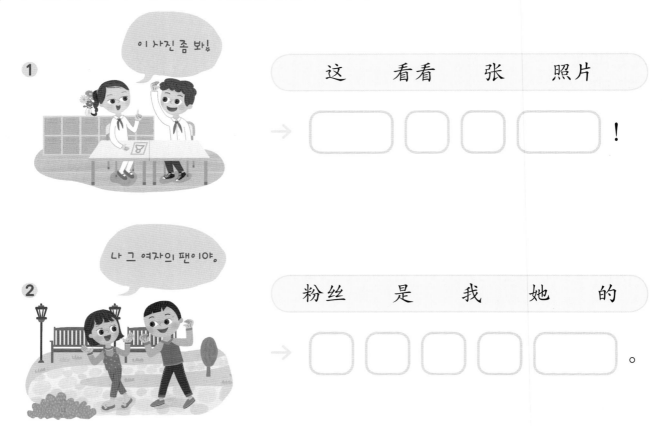

1 이 사진 좀 봐!

这　看看　张　照片

→ ⬚ ⬚ ⬚ ⬚ ！

2 나 그 여자의 팬이야.

粉丝　是　我　她　的

→ ◯ ◯ ◯ ◯ ◯ 。

10 다음 대화의 대답으로 알맞은 것에 ✔ 하세요.

1 明天是小华的生日。

我们一起去买礼物吧。⬚

我们一起去做作业吧。⬚

2 你早点睡觉吧！

我发表情。⬚

好，我知道了。⬚

11 다음 단어를 큰 소리로 읽으며 써 보세요.

1 照片 zhàopiàn 사진

照	片						
zhào	piàn						

2 演唱会 yǎnchànghuì 콘서트

演	唱	会					
yǎn	chàng	huì					

3 粉丝 fěnsī 팬

粉	丝						
fěn	sī						

4 歌手 gēshǒu 가수

歌	手						
gē	shǒu						

5 吧 ba ~하자, ~해

吧					
ba					

打包回家

① 다음 한자에 맞는 병음과 우리말 뜻을 선으로 이으세요.

试试 •   • dǎbāo   • 한번 해보다

打包 •   • shìshi   • 맛

味道 •   • wèidao   • 포장하다

② 빈칸에 알맞은 병음을 [보기]에서 골라 단어를 완성해 보세요.

bǐs___bǐng

보기

ā
á
ǎ
à

zh___jītuǐ

s___nmíngzhì

hànb___obāo

③ 다음 빈칸에 들어갈 수 있는 단어로 알맞은 것을 [보기]에서 찾아 쓰세요.

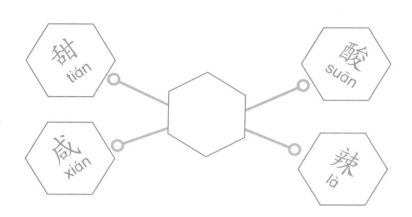

보기

回家

中午

味道

试试

④ 다음 단어에 맞게 병음을 바르게 배열하여 쓰세요.

1 中午   w ōng zh ǔ →

2 回家   j uí h iā →

5

⑤ 다음 대화를 읽고 빈칸에 들어갈 글자를 [보기]에서 찾아 쓰세요.

我要海鲜 □ 。

你要哪一种比萨？

답

보기

得

的

地

6 다음 단어의 성조를 바르게 나타낸 것에 ✔ 하세요.

1

沙拉

shālā ☐

shālǎ ☐

2

热狗

règōu ☐

règǒu ☐

3

汉堡包

hànbāobāo ☐

hànbǎobāo ☐

4

比萨饼

bǐsàbǐng ☐

bǐsàbīng ☐

7 다음 대화에서 샤오화가 먹는 음식은 무엇인가요?

我们中午吃什么？

吃三明治。

☐　　☐　　☐　　☐

8 빈칸에 들어갈 말을 [보기]에서 찾아 순서에 맞게 쓰세요.

A : ⬚ ⬚ ⬚ ⬚ ⬚ ，怎么样？

  Shìshi xīn wèidao,   zěnmeyàng?

B : 好呀!

  Hǎo ya!

보기   新   试试   味道

9 다음 단어의 병음을 사다리를 따라 내려가며 찾아 쓰세요.

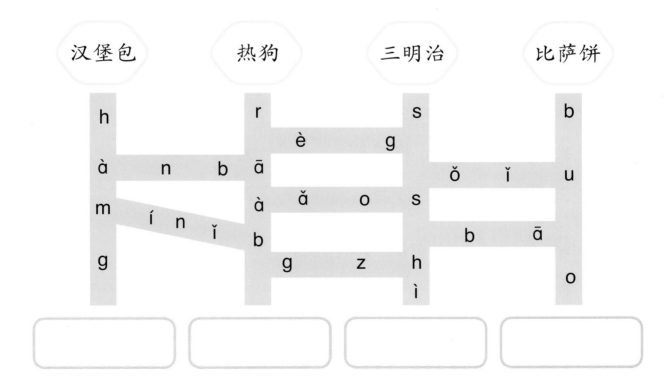

汉堡包   热狗   三明治   比萨饼

⬚ ⬚ ⬚ ⬚

10 다음 글을 읽고 물음에 답하세요.

> 我点了一个辣味的汉堡包。
>
> 小韩也要了一个辣味的。
>
> 我们决定打包回家吃。

1 내가 먹은 음식에 ✔ 하세요.

☐ 比萨饼 ☐ 炸鸡腿 ☐ 意大利面

☐ 三明治 ☐ 沙拉 ☐ 汉堡包

2 샤오한이 먹은 음식에 ✔ 하세요.

☐ 比萨饼 ☐ 炸鸡腿 ☐ 意大利面

☐ 三明治 ☐ 沙拉 ☐ 汉堡包

3 두 사람이 햄버거를 먹기로 한 곳은 어디인가요?

☐ 집 ☐ 학교 ☐ 식당 ☐ 차 안

1 다음 단어를 큰 소리로 읽으면서 써 보세요.

1 汉堡包 hànbǎobāo 햄버거

汉	堡	包					
hàn	bǎo	bāo					

2 味道 wèidao 맛

味	道						
wèi	dao						

3 试试 shìshi 한번 해보다

试	试						
shì	shi						

4 打包 dǎbāo 포장하다, 싸다

打	包						
dǎ	bāo						

5 回家 huí jiā 집에 가다

回	家						
huí	jiā						

什么都有

1 빈칸에 들어갈 알맞은 병음을 찾아 써 넣으세요.

1

买		
m		i

ǎ　　à

2

都		
d		u

ō　　ó

2 다음 단어를 그림으로 나타내 보세요.

自行车
zìxíngchē

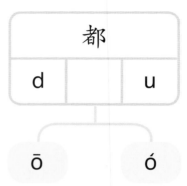

漫画书
mànhuàshū

3 다음 [보기]에서 단어의 병음을 찾아 쓰세요.

보기
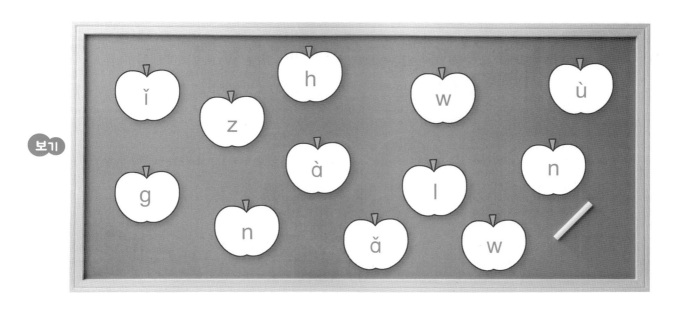

1 礼物 ⬚

2 网站 ⬚

4 우리말 힌트를 따라 미로를 탈출하세요.

무엇이든 다 있어. → 무엇이든 다 잘해. → 무엇이든 다 좋아.

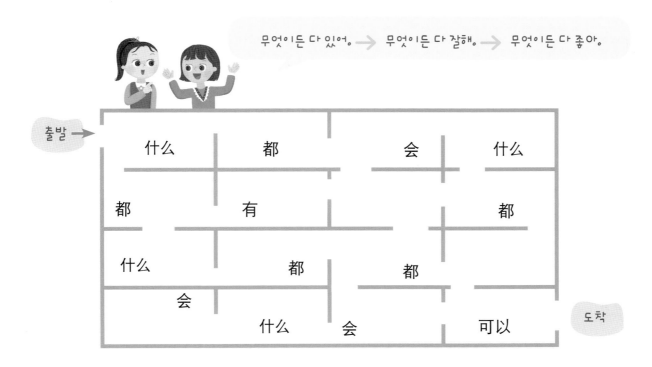

5 다음 대화를 읽고 친구들이 받은 선물을 연결해 보세요.

小华 : 我妈妈送了我一盒乐高。
小韩 : 我妈妈送了我游戏机!
小冬 : 是不是你想要的?
小韩 : 对!
小华 : 你呢? 你收到什么礼物?
小冬 : 我妈妈送了我积木。
小韩 : 不错嘛!

*收到 shōudào 받다

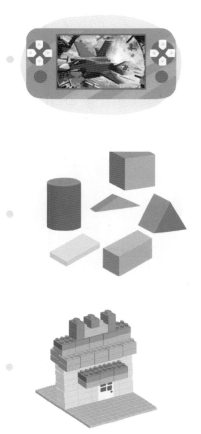

6 다음 대화의 빈칸에 들어갈 알맞은 단어를 찾아 ✔ 하세요.

淘宝是什么?
Táobǎo shì shénme?

是一个 _____。
Shì yí ge wǎngzhàn.

- 发卡
- 上面
- 网站
- 乐高

7 다음 단어의 병음을 찾아 ○ 하고, 선을 따라가 뜻을 써 보세요.

神奇

送

吃

知道

dōushàngmiànchīhuìbiéguā
sòngxiàngliàndànzhīdaojiā
fàqiǎkùzilègāofāngbiànkàn
zhèmeshénqígòuwùmāmaméi

8 다음 도형 속의 단어를 사용하여 알맞은 문장을 만들어 보세요.

1 형은 아무것도 겁내지 않아. 哥哥☐☐☐☐怕。

2 그는 아무것도 할 줄 몰라 他☐☐也☐☐。

什么 哥哥 不 都

会 不 他 什么

9 다음 샤오화의 일기를 읽고 빈칸에 알맞은 말을 써 보세요.

什么都有

妈妈送我了一份礼物。我打开一看是一盒乐高。我问她礼物是在哪儿买的？妈妈说是在淘宝上买的。淘宝上面什么都有。我觉得真方便。

무엇이든 다 있어요.

엄마가 나에게 (　　　)을 주셨어요. 열어보니 (　　　)였어요. 나는 엄마께 어디에서 샀는지 여쭤보았어요. 엄마는 타오바오에서 샀다고 하셨어요. 타오바오에는 뭐든지 다 있대요. 정말 (　　　)한 것 같아요.

다음 단어를 큰 소리로 읽으며 써 보세요.

1 礼物 lǐwù 선물

礼 lǐ	物 wù				

2 乐高 lègāo 레고

乐 lè	高 gāo				

3 网站 wǎngzhàn 인터넷 웹 사이트

网 wǎng	站 zhàn				

4 上面 shàngmiàn 위, 위쪽

上 shàng	面 miàn				

5 神奇 shénqí 신기하다

神 shén	奇 qí				

① 다음 단어의 병음을 바르게 나타낸 것에 ✔ 하세요.

生病 ⟨ shēng bīng ☐

shēng bìng ☐

运动 ⟨ wùndòng ☐

yùndòng ☐

② 한자카드를 이용하여 알맞은 한자를 만들어 보세요.

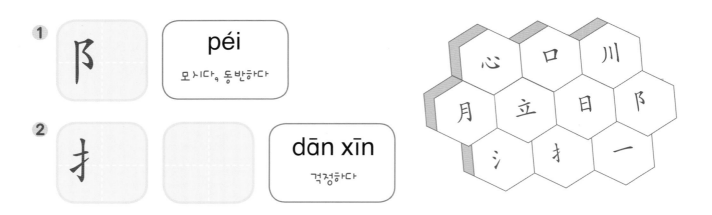

1 阝 | péi
모시다, 동반하다

2 扌 | dān xīn
걱정하다

心 口 川
月 立 日 阝
氵 扌 一

③ 다음 한자에 해당하는 병음에 색칠하고, 병음과 뜻을 써 보세요.

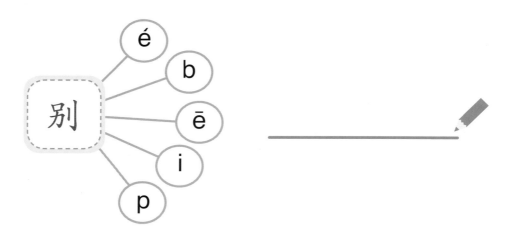

é
b
别 ē
i
p

_____

4 다음 그림에 알맞은 표현을 선으로 이으세요.

목이 아파요。

머리가 아파요。

콧물이 나요。

流鼻涕
liú bítì

嗓子疼
sǎngzi téng

头疼
tóuténg

5 다음 그림에 알맞은 표현을 선으로 이으세요.

别生气
bié shēng qì

别扔垃圾
bié rēng lājī

别担心
bié dān xīn

7

6 주어진 단어를 바르게 배열하여 문장을 만들어 보세요.

1

당신 어디 아파요?

| 不是 | 病 | 是 | 生 |

→ 你 ☐ ☐ ☐ ☐ 了?

2

내일 제가 아빠 모시고 같이 운동할게요.

| 我 | 陪 | 一起 | 您 | 运动 |

→ 明天 ☐ ☐ ☐ ☐ ☐ 吧。

7 엄마의 대화 속에 주어진 단어를 이용하여 순서에 맞게 문장을 완성하세요.

外面下大雨，
你(去/玩/别/出)吧。

好啊，那在家
玩电脑游戏咯。

나가 놀지 마라。 → _____

8 샤오화가 영화를 예매하고 친구들에게 보낸 단체 메시지입니다. 샤오화가 마지막에 한 말을 [보기]를 이용하여 중국어로 바꾸어 보세요.

보기   别   到   迟

9 알맞은 단어를 찾아 선으로 이으며 샤오화의 말을 중국어로 바꾸어 말해 보세요.

내일 제가 아빠 모시고 같이 운동할게요.

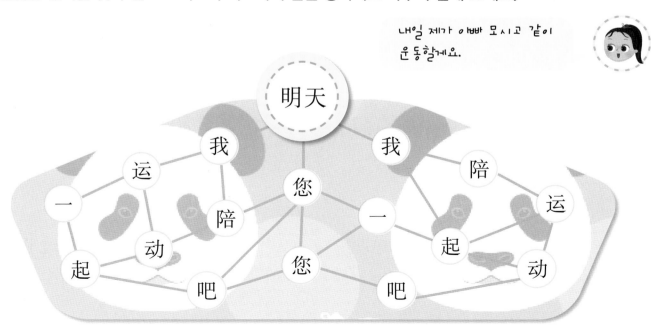

7

10 다음 우리말에 알맞은 중국어 문장을 연결해 보세요.

1 오늘 아빠의 안색이 안 좋아 보여요. ●　　　● 妈妈表扬我是孝顺女儿。

2 아빠는 이미 병원에 다녀왔다고 말씀하셨어요. ●　　　● 医生说他需要运动。

3 의사가 아빠에게 운동을 하라고 했대요. ●　　　● 今天爸爸的脸色不好。

4 나는 아빠를 모시고 운동을 하기로 결심했어요. ●　　　● 我决定陪爸爸一起运动。

5 엄마는 저를 효녀라고 칭찬해 주셨어요. ●　　　● 他说已经去看过医生了。

1 다음 단어를 큰 소리로 읽으며 써 보세요.

1 生病 shēng bìng 병이 나다, 아프다

生 shēng	病 bìng					

2 脸色 liǎnsè 얼굴색

脸 liǎn	色 sè					

3 担心 dān xīn 걱정하다

担 dān	心 xīn					

4 陪 péi 모시다, 동반하다

陪 péi						

5 孝顺 xiàoshùn 효성스럽다

孝 xiào	顺 shùn					

快快乐乐地做体操

① 다음 병음과 단어를 선으로 연결하고 우리말로 뜻을 써 보세요.

xīn

shū

kōng

tǐ

chàng

qì

qíng

cāo

舒畅

空气

心情

体操

② 다음 단어의 병음에서 잘못된 곳을 찾아 표시하고 바르게 고쳐 쓰세요.

| 空气 공기 | k | à | n | g | q | ì | | ⬡ → ⬡ |

| 舒畅 상쾌하다 | s | h | ū | c | h | ō | n | g | ⬡ → ⬡ |

③ 다음 단어에 알맞은 병음을 써서 낱말 맞추기를 완성하세요.

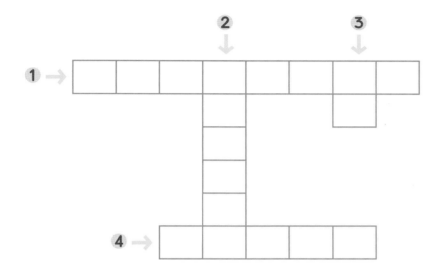

1 早上   아침

2 身体   몸, 신체

3 你   너

4 体操   체조

④ 병음을 바르게 배열하여 단어를 만들고 알맞은 그림과 한자를 연결하세요.

 · · 打 ·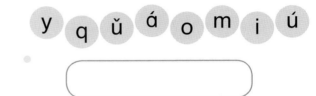

 · · 做 ·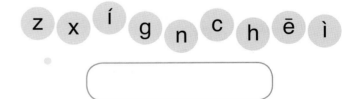

 · · 骑 ·

5 다음 대화를 읽고 표의 빈칸에 알맞은 말을 한글로 쓰세요.

> 小华: 爸爸，我们一起打羽毛球, 好吗?
> 爸爸: 我不会。我们一起打乒乓球, 怎么样?
> 小华: 我不会打乒乓球。
> 妈妈: 那么妈妈和你一起打羽毛球。
> 小华: 好啊!

	爸爸	妈妈	小华
할 줄 아는 운동			
못하는 운동		축구	

6 다음 그림을 참고하여 알맞은 대답을 찾아 연결해 보세요.

　　你休闲时做什么?　•　　　•　我们要去北京。

　　他们在做什么?　•　　　•　我慢跑。

　　暑假我们要去哪儿?　•　　　•　他们在做体操。

7 그림을 보고 빈칸에 들어갈 알맞은 말을 [보기]에서 골라 쓰세요.

小华：妈妈，暑假我们要去哪儿？

妈妈：☐☐ 爸爸有空，就去北京。

보기　　　只有　　　只要　　　可以

8 다음 대화를 읽고, 주어진 단어를 이용하여 순서대로 써 보세요.

你今天晚上会去跑步吗？

(不/只要/大雨/下)，我会去。

비만 많이 안 오면 할 거야.

→ _____

8

9 다음 우리말 해석에 맞게 문장을 완성하세요.

yìqǐ / Zǎoshang / yùndòng / zěnmeyàng? / chūlái

아침에 함께 나와서 운동하니까 어때?

→ _____

Xīnqíng shūchàng, kōngqì yě hǎo.

기분이 상쾌하고 공기도 좋아요.

yùndòng / Zhǐyào / duō / hǎo / wǒ / shēntǐ / jiù / de / huì / de

운동하기만 하면 내 몸도 좋아질거야.

→ _____

10 다음 일정표를 참고하여 금요일의 계획이 무엇인지 우리말로 쓰세요.

星期一	星期二	星期三	星期四	星期五
上补习班 shàng bǔxíbān	看电影 kàn diànyǐng	学书法 xué shūfǎ	上补习班 shàng bǔxíbān	爬山 pá shān

11 다음 단어를 큰 소리로 읽으며 써 보세요.

1 心情 xīnqíng 감정, 마음, 기분

心 xīn	情 qíng				

2 舒畅 shūchàng 상쾌하다

舒 shū	畅 chàng				

3 空气 kōngqì 공기

空 kōng	气 qì				

4 体操 tǐcāo 체조

体 tǐ	操 cāo				

5 身体 shēntǐ 몸, 신체

身 shēn	体 tǐ				

1과 网上查一下

1. ① fāngbiàn

更 ┈┈ (方便) ┈┈ 网上 ┈┈ 线

② zěnme

周末 ┈┈ 博物馆 ┈┈ (怎么) ┈┈ 去

2. èr hào xiàn

3. ① 怎么去更方便?

② 上网查一下。

4. 更

5. ①　　　　　　　　②

乌龟 □　　兔子 ✓　　大象 ✓　　狮子 □
wūguī　　tùzi　　dàxiàng　　shīzi

6. 박물관, 인터넷, 2호선

7.

□　　□　　□　　✓

8. 坐飞机比坐火车更快。

9. ①

✓ 动物园
dòngwùyuán

□ 游乐园
yóulèyuán

②

□ 坐地铁
zuò dìtiě

✓ 走路
zǒu lù

10. ① 4元　　② 20分钟

11. 长颈鹿 > 猴子 > 兔子

2과 有我的房间了

1. ① bān jiā — 搬家　　② chǒngsuàn — 总算

③ xīngqī — 星期　　④ tài — 太

2. □ shénme chíhòu　　□ shénmě shíhòu

❓ 什么时候?

✓ shénme shíhòu　　□ chénme shíhòu

3. ① 不错　búcuō □ / búcuò ✓
② 满意　mǎnyì ✓ / mànyǐ □
③ 卧室　wòshì ✓ / wǒshì □
④ 房子　fǎngzì □ / fángzi ✓

4. ⓐ yīguì　　ⓑ shūzhuō
ⓒ yǐzi　　ⓓ shūguì
ⓔ diànnǎo　　ⓕ chuáng

5. 今天总算晴了

6.

7.
☐ 这次总算得了一百分了。

☐ 今天总算晴了。

☑ 嗯，我总算有自己的房间了。

8.

9.
shūzhuō

chuáng

yǐzi

yīguì

10. 有 三 间卧室，

一 间客厅，

两 个卫生间。

3과 魔幻发带

1.

用 yòng

显 xiǎn

带 dài

① ǒ (ò) ② (ǎ) á ③ á (à)

2.

huídié fàdài xiàngpí

shēngyóu / èchǎng

3.

móhuàn　　dài　　liǎn　　zhào xiàng

戴　　照相　　魔幻　　脸

4.
① 戴 dài

② 穿 chuān

5.

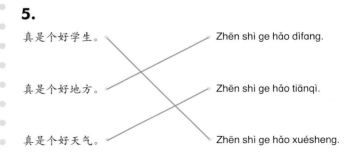

真是个好学生。　　　　　Zhēn shì ge hǎo dìfang.

真是个好地方。　　　　　Zhēn shì ge hǎo tiānqì.

真是个好天气。　　　　　Zhēn shì ge hǎo xuésheng.

6. ① 这个主意很不错。

② 周末去游乐场戴。

7. 运动鞋　　太阳镜　　帽子

8. 我也去过，真是个 <u>好地方</u>。

9.

10. ① 나와 친구들

② 주말에

③ 놀이공원에서

④ 사진찍기, 놀이기구타기

4과　微信见

1. fěnsī

zhàopiàn

g	w	w	g	o	h	u	ì
ē	u	ē	f	ě	n	s	ī
f	ě	n	i	f	ā	l	e
y	ǎ	n	s	x	z	a	o
z	h	à	o	p	i	à	n
f	ā	n	x	ī	ě	o	

2.

① 演唱会 — (yǎnchànghuī) / yǎnchànghuī — 콘서트

② 好玩儿 — hàowánr / (hǎowánr) — 재미있다

3. 吧

4. ① 演唱会

② 微信

演	唱	会	照	片
跳	谁	说	歌	发
舞	位	知	星	了
微	信	道	漂	亮

5.

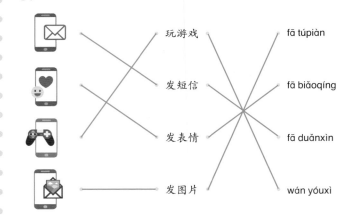

玩游戏　　fā túpiàn

发短信　　fā biǎoqíng

发表情　　fā duǎnxìn

发图片　　wán yóuxì

6. 현지

7.

8.  c d

 b a

9 ① 看看这张照片

② 我是她的粉丝

10.

我们一起去买礼物吧。✓

我们一起去做作业吧。

我发表情。

好，我知道了。✓

5과 打包回家

1.

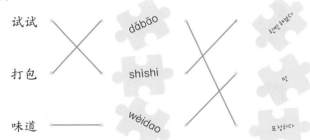

试试 — shìshi
打包 — dǎbāo
味道 — wèidao

2.

 bǐs à bǐng

 zh á jītuǐ

 s ā nmíngzhì

 hànb ǎ obāo

3. 味道

4. ① zhōngwǔ
　② huí jiā

5. 的

6.

① 沙拉　shālā ☑②
　　　　 shālǎ □

　热狗　règōu □
　　　　 règǒu ☑

③ 汉堡包　hànbāobāo □
　　　　　 hànbǎobāo ☑

④ 比萨饼　bǐsàbǐng ☑
　　　　　 bǐsābǐng □

7.

□　□　☑　□

8. 试试新味道

9. bǐsàbǐng ｜ règǒu ｜ sānmíngzhì ｜ hànbǎobāo

10. ①
☐ 比萨饼　☐ 炸鸡腿　☐ 意大利面
☐ 三明治　☐ 沙拉　　☑ 汉堡包

②
☐ 比萨饼　☐ 炸鸡腿　☐ 意大利面
☐ 三明治　☐ 沙拉　　☑ 汉堡包

③
☑ 집　☐ 학교　☐ 식당　☐ 차 안

6과 什么都有

1. ① m ǎ i　　② d ō u

2. 자전거 그림 / 만화책 그림

3. ① lǐwù　　② wǎngzhàn

4.

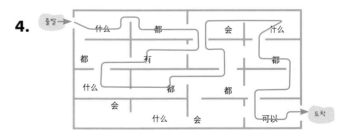

5.

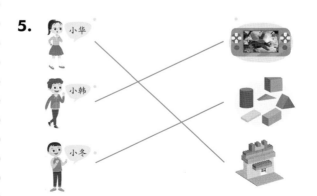

정답

53

6.
- [ ] 发卡
- [ ] 上面
- [✓] 网站
- [ ] 乐高

7.

神奇 — 알다
送 — 먹다
吃 — 신기하다
知道 — 선물하다

```
dōushàngmiànchīhuìbiéguā
sòngxiàngliàndànzhīdaojiā
fàqiǎkùzilègāofāngbiànkàn
zhèmeshénqígòuwùmāmaméi
```

8. ① 哥哥什么都不怕。

② 他什么也不会。

9. 선물, 레고, 편리

7과 脸色不好

1.
生病 ← shēng bīng [ ] / shēng bìng [✓]

运动 ← wùndòng [ ] / yùndòng [✓]

2. ① 陪

② 担心

3. bié ~하지 마라

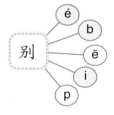
别 — é, b, ē, i, p

4.

流鼻涕 liú bítì
嗓子疼 sǎngzi téng
头疼 tóuténg

5.

别生气 bié shēng qì
别扔垃圾 bié rēng lājī
别担心 bié dān xīn

6. ① 你是不是生病了?

② 明天我陪您一起运动吧。

7. 你**别**出去玩吧。

8. 别迟到。

9.

明天 / 我 / 运 / 您 / 陪 / 一 / 动 / 起 / 吧 / 您 / 我 / 陪 / 您 / 起 / 运 / 吧 / 动

10.
① 妈妈表扬我是孝顺女儿。
② 医生说他需要运动。
③ 今天爸爸的脸色不好。
④ 我决定陪爸爸一起运动。
⑤ 他说已经去看过医生了。

8과 快快乐乐地做体操

1.

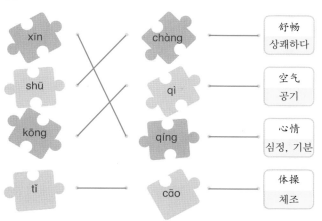

xīn — 心情 심정, 기분
shū — 舒畅 상쾌하다
kōng — 空气 공기
tǐ — 体操 체조

chàng
qì
qíng
cāo

2. kōngqì   shūchàng

à → ō   ō → à

3.

z	ǎ	o	s	h	a	n	g
			h			ǐ	
			ē				
			n				
			t				
			t	ǐ	c	ā	o

4.

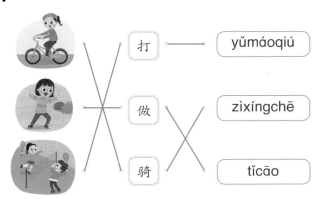

打 — yǔmáoqiú
做 — zìxíngchē
骑 — tǐcāo

5.

	爸爸	妈妈	小华
잘하는 운동	탁구	배드민턴	배드민턴
못하는 운동	배드민턴	축구	탁구

6.

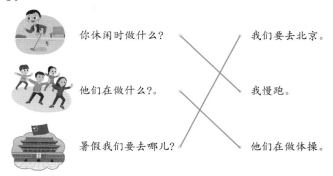

你休闲时做什么？ — 我们要去北京。
他们在做什么？。 — 我慢跑。
暑假我们要去哪儿？ — 他们在做体操。

7. 只要

8. 只要不下大雨，我会去。

9. Zǎoshang yìqǐ chūlái yùndòng zěnmeyàng?

Xīnqíng shūchàng, kōngqì yě hǎo.

Zhǐyào duō yùndòng, wǒ de shēntǐ jiù huì hǎo de.

10. 등산

콰이러 쉬에한위 ⑤

초판발행 : 2020년 7월 25일

저자 : 권상기, 김명섭, 김예란, 이현숙, 왕지에, 저우자쑤
삽화 : 류은형
발행인 : 이기선
발행처 : 제이플러스
　　　　　서울시 마포구 월드컵로 31길 62
전화 : 영업부 02-332-8320 편집부 02-3142-2520
팩스 : 02-332-8321
홈페이지 : www.jplus114.com
등록번호 : 제10-1680호
등록일자 : 1998년 12월 9일
ISBN : 979-11-5601-134-7